F. ISABEL CAMPOY

Mi día de la A a la Z

ILUSTRADO POR SANDRA LAVANDEIRA

ALFAGUARA

Para Pablo y Diego IV García Campoy, y para Miguel e Isabel Cano Cano. Que sigan vivas en vuestra generación nuestras dos lenguas: valenciano y español... para decir amics, *amigos;* y us estime, *os quiero.*

Per a Pablo i Diego IV Garcia Campoy i per a Miquel i Isabel Cano Cano. Que estiguen sempre presents en la vostra generació les vostre dues llengües: valencià i espanyol... per a dir amics, *amigos i* us estime, *os quiero.*

Aa
¡Arriba!

—¡**Arriba**! Es hora de levantarse —dice mi mamá.

Bb
baño

7:20 AM

Voy al **baño** a lavarme la cara.

4

Cc
cereal

7:30 AM

Desayuno **cereal** con frutas.
(Yo preferiría un helado...)

CHch
chocolate

Mi papá, en cambio, toma **chocolate** caliente.
¡Guácala! ¡A mí no me gusta eso!

6

Dd
divertido

¡Vestirse solo es muy **divertido**!

Ee
elegante

8:05 AM

—Te ves muy **elegante** con anteojos
—dice mi mamá.

Ff
familia

Mi **familia** y yo salimos de la casa juntos.

Gg
gato

8:12 AM

El **gato** nos mira desde la ventana.
Yo creo que quiere venir conmigo… **¡Gato** loco!

Hh
¡Hola!

8:25 AM

Les digo "**hola**" a mis amigos al llegar a la escuela.

11

Ii
insectos

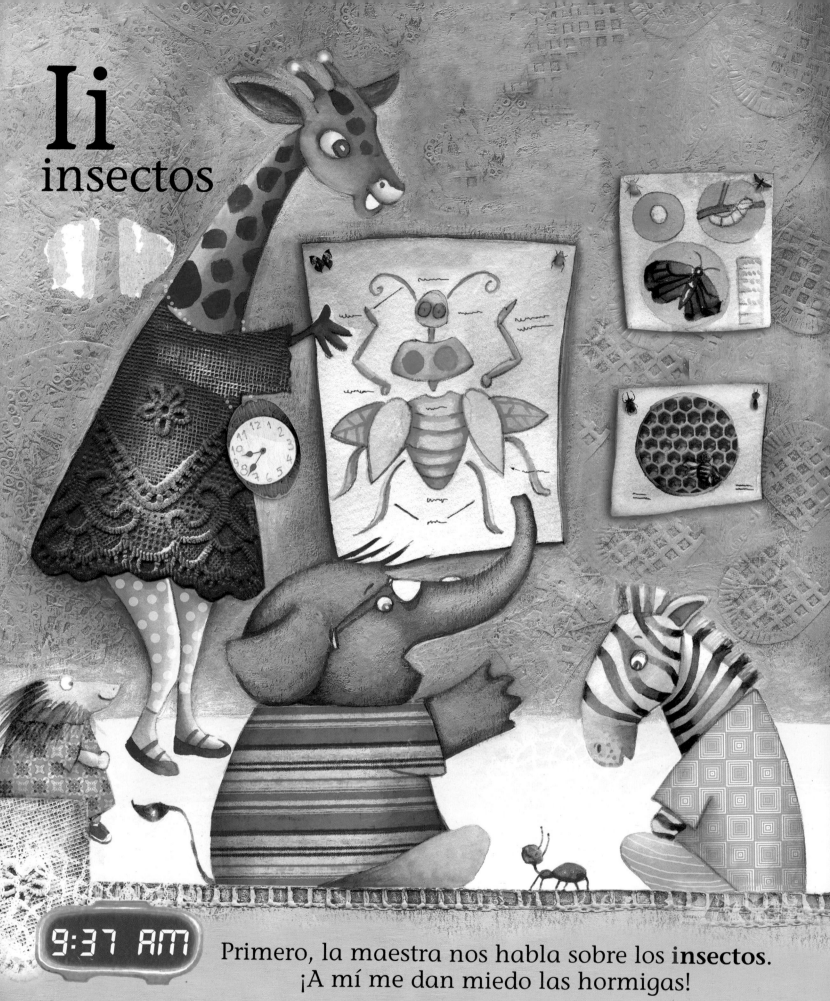

9:37 AM

Primero, la maestra nos habla sobre los **insectos**.
¡A mí me dan miedo las hormigas!

Jj
jugar

10:40 AM

Es la hora de leer. Nos reímos mucho cuando **jugamos** a las adivinanzas.

Kk
kiwi

11:20 AM

En el almuerzo como **kiwi**. Es mi fruta favorita.
—Hipo, si tú me das tus **kiwis**...

Ll
lechuga

...yo te doy mi ensalada de **lechuga** y tomate.
¡Mi amigo Hipo es un traga-verduras!

LLll

lluvia

Es la hora del recreo. ¡Jugar bajo la **lluvia** es muy divertido! Pero no nos dejan...

Mm
música

12:15 PM

Qué bueno que sigue la clase de **música**.
¡Me encanta! ¡Soy el mejor trompetista!

N n
nombre

12:59 PM

Ahora vamos a escribir.
¡Yo ya sé escribir mi **nombre**!

Ññ
ñandú

En el rincón de arte dibujamos un **ñandú**.
¡Es un ave más alta que yo!

Oo

orden

2:00 PM

Han terminado las clases.
Salimos de la escuela en **orden**.

Pp
parque

Después de la escuela, mi mamá me lleva al **parque**. Me encantan los columpios. ¡Yupi!

21

Qq
queso

Luego vamos al supermercado a comprar **queso** y otras cosas ricas.

Rr
regresar

3:14 PM

Cuando **regresamos** a casa,
el gato me recibe muy contento.

23

Ss
sopa

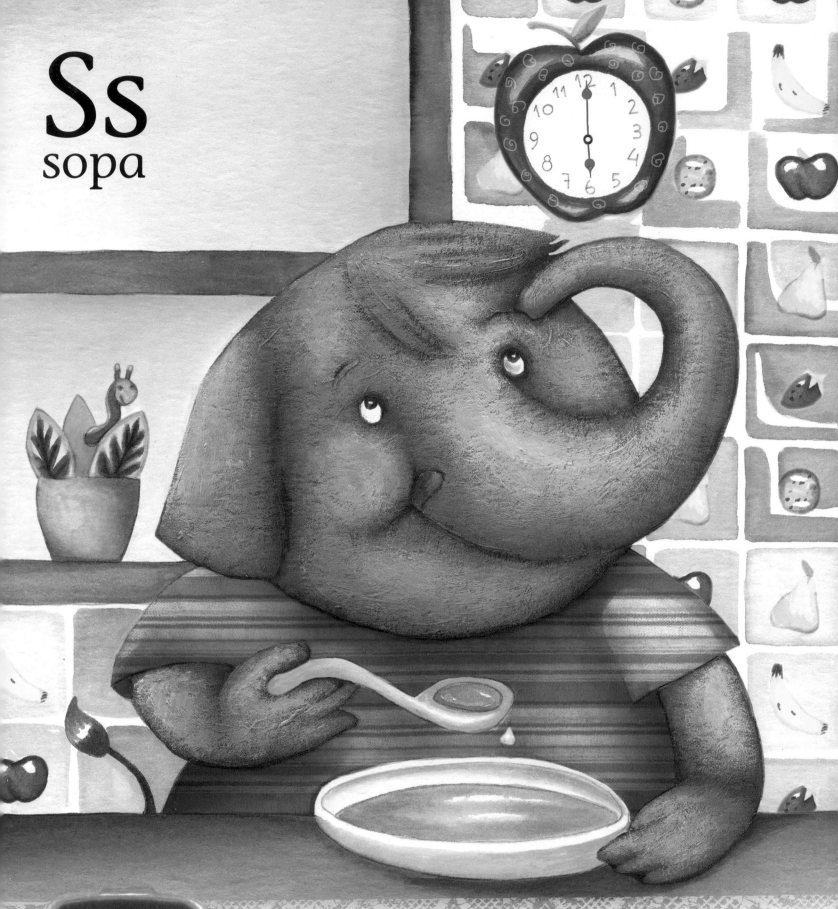

6:00 PM

Ahora, ¡a cenar!
La **sopa** de pollo es muy sabrosa.

Tt
toalla

Luego me baño,
y me seco con **mi toalla** de ranitas.

Uu
unicornio

7:40 PM

Mi papá me trajo un libro de
un **unicornio**. ¡Hurra!

Vv
vamos

—**V**amos a la cama. Estamos muy cansados —dice mi mamá.

Ww
¡Wow!

Les cuento a mis papitos todo lo que hice hoy.
¡**Wow**! ¡Qué día!

Xx
e<u>x</u>celente

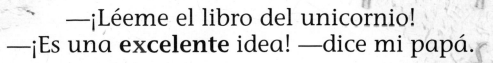

8:19 PM

—¡Léeme el libro del unicornio!
—¡Es una **excelente** idea! —dice mi papá.

Y y
ya

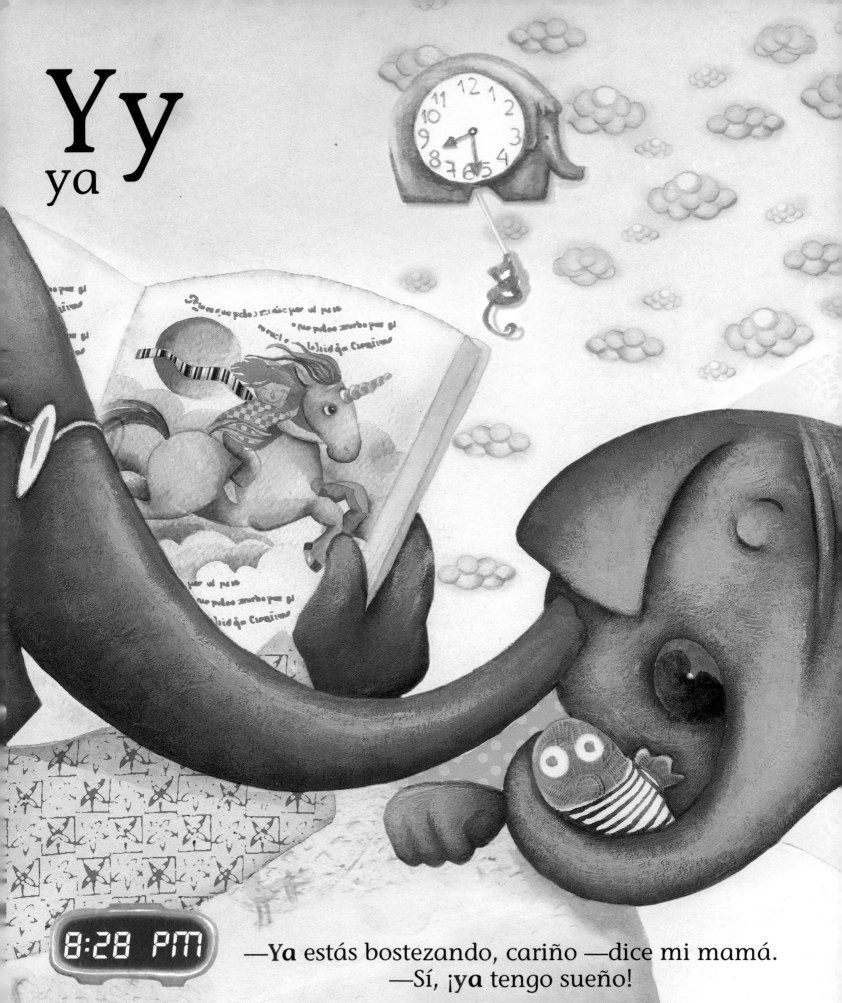

8:28 PM

—**Ya** estás bostezando, cariño —dice mi mamá.
—Sí, ¡**ya** tengo sueño!

30

Zz
Zzzz

8:30 PM

—Que tengas dulces sueños.
—Zzzz...

© De esta edición:
2009, Santillana USA Publishing Company, Inc.
2105 NW 86th Avenue
Miami, FL 33122, USA
www.santillanausa.com

© Del texto: 2008, Francisca Isabel Campoy

Editor: Isabel Mendoza
Dirección de arte: Mónica Candelas
Ilustraciones: Sandra Lavandeira

Alfaguara es un sello editorial del Grupo Santillana. Éstas son sus sedes:

ARGENTINA, BOLIVIA, CHILE, COLOMBIA, COSTA RICA, ECUADOR, EL SALVADOR, ESPAÑA,
ESTADOS UNIDOS, GUATEMALA, MÉXICO, PANAMÁ, PARAGUAY, PERÚ, PUERTO RICO,
REPÚBLICA DOMINICANA, URUGUAY Y VENEZUELA.

Mi día de la A la Z
ISBN: 978-1-59820-942-6

Published in the United States of America
Printed in Colombia by D'Vinni S. A.

12 11 10 09   1 2 3 4 5 6 7 8 9 10